KNESEBECK

Barbara Zoschke

Einmal im Leben...

mit Illustrationen
von
Katrin Stangl

KNESEBECK

Einmal im Leben möchte ich ...

——

6 bis 12 Jahre

... **einen Schatz finden.**

… ein Superhund sein.

... **im Kunstraum eingeschlossen werden.**

... Agent sein.

... **als Archäologin arbeiten.**

... in die Vergangenheit reisen.

... unter Wasser atmen können.

... eine Maschine erfinden,
die das ganze Plastik aus
dem Meer fischen kann.

... den Nobelpreis in
Chemie bekommen.

... ein
eigenes
Zimmer
haben.

... **eine Eins in Mathe schreiben.**

... **eine Anti-Krieg-Tablette erfinden.**

... **YouTuber werden.**

... **ein Haus und coole Autos haben.**

... **ein Adler sein.**

... **lange schwarze Zöpfe haben.**

... **ein Eichhörnchen zähmen.**

... Huckleberry Finn sein.

... auf dem weißen Glücksdrachen Fuchur als Freund über die Meere, Wälder und Felder reiten.

... nach Hogwarts kommen.

... das Hanni-und-Nanni-Gefühl neu heraufbeschwören.

... Spiderman sein.

... **die Schnellste sein.**

... ein Zwergkaninchen haben.

... **zurück nach Hause dürfen.**

... **groß sein.**

... **ein Betriebssystem programmieren.**

... **ein Einhorn treffen.**

... **Fußballprofi sein.**

... so laut
lachen können
wie mein
bester Freund.

Einmal im Leben möchte ich...

---

13 bis 20 Jahre

... die Liebe meines Lebens finden.

... eine Katze sein.

... nicht so werden wie mein Vater.

... in einem Film mitspielen.

... mit der ganzen Familie und nur mit
Notfallhandy nach Spanien reisen.

... **richtig Urlaub machen und nicht
immer nur die Verwandten besuchen.**

... ein Mädchen küssen.

... schöne Haut haben.

... meinen Bruder retten.

... Jetski fahren.

... ein Pferd besitzen.

... eine richtig gute Figur bekommen.

... so viel Geld haben,
dass ich jeden Tag bio und
lecker essen gehen kann.

... einen obercoolen Beruf erlernen.

... auf die Welt blicken
können und stolz
darauf sein, wie sich
alles entwickelt hat.

... zaubern
können.

... **beim Rettungsdienst sein.**

... in einem Schloss wohnen.

... ins All fliegen.

... einen Stern entdecken,
der nach mir benannt wird.

... Astronautin
werden.

... Schwerelosigkeit erleben.

... wissen, ob es Außerirdische gibt.

... Unsere Erde
als blauen Planeten sehen.

... in Paris sein, wo es das lange Baguette gibt.

... **auf einem Elch reiten.**

... ein Pokémon sein.

... fliegen wie ein Vogel.

... **einen Blick in die Zukunft werfen.**

... ein Spiel erfinden.

... **mit unserem Familienzirkus in New York auftreten.**

... mich aus einer
anderen
Perspektive sehen.

Einmal
im Leben
möchte ich ...

---

21 bis 35 Jahre

... ans Meer ziehen, für immer.

... einen Wombat umarmen.

... **einen Porsche besitzen.**

... sichtbare Bauchmuskeln haben.

... mein Leben für etwas riskieren.

... **einen Resthof mit vielen Tieren haben.**

… meine Freundin heiraten.

… nackt auf
einem Schimmel
durchs Dorf reiten.

… in Japan
Ramen
essen.

… einen Monat Urlaub haben.

… eine Weltreise machen.

... alle Sprachen
der Welt sprechen
und verstehen.

... einen eigenen Friseursalon besitzen.

... den Jakobsweg gehen.

... mit mir ganz
zufrieden sein.

... einen
Ironman
schaffen.

... **Kämpfer für die Umwelt sein.**

... ein Leben retten.

... mit dem Fahrrad
um die Welt fahren.

... mit einem Hausboot durch Englands
Kanäle fahren.

... ein Jahr
in Frankreich leben.

... eine Kokosnuss
pflücken.

... in Luxuszügen
durch Europa reisen
und den Flair
vergangener Zeiten spüren.

... **das richtige Leben spüren.**

... ein Buch schreiben.

... mit eigenen Händen
ein Haus bauen.

... Sex im Körper
eines Mannes
haben.

... miterleben,
dass der 1. FC Köln
Meister wird.

... stinkreich
sein.

... zu Fuß durch Island trecken.

... einfach so eine Wohnung finden.

... schöne, weiße
und gerade Zähne
haben.

... alle Gedanken
abschalten.

... **tun und
lassen können,
was ich will.**

... verstehen, warum die Weltgemeinschaft
Kriege zulässt.

... mit einer Zeitmaschine reisen,
wohin ich will.

... ein Jahr reisen und fremde Kulturen kennenlernen.

… auf jedem Kontinent gelebt haben.

... **die Zeit zurückdrehen.**

... die Zeit anhalten.

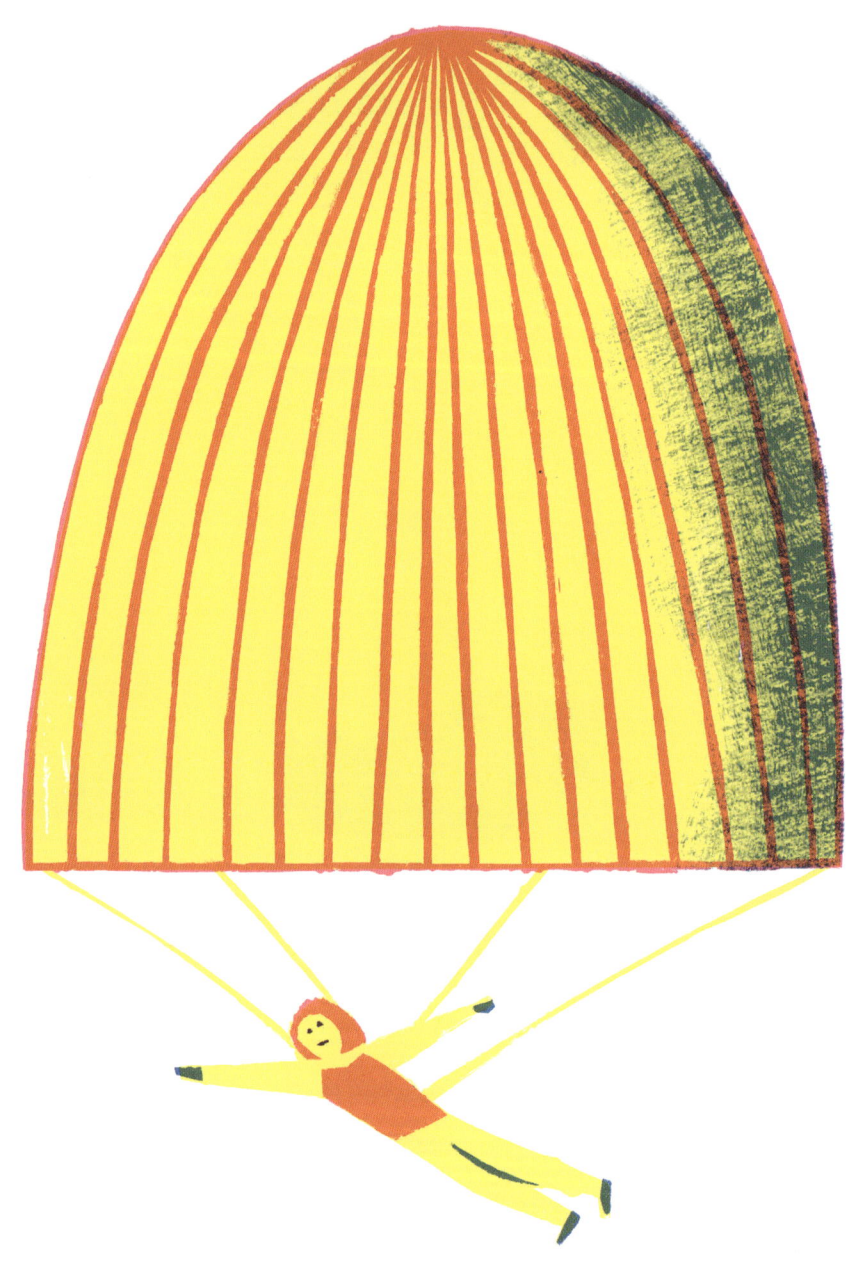

... **mit einem Fallschirm springen.**

...unsterblich

sein.

Einmal im Leben möchte ich ...

36 bis 50 Jahre

... **vor einem Geysir stehen.**

... ein Kind haben.

... **nicht aufs Geld achten müssen.**

... **richtig Glück haben.**

... Buckelwale beobachten.

... wilde Berggorillas
aus der Nähe sehen.

... in Südgeorgien
neben den Pinguinen sitzen.

... Wölfin sein, mit dem Rudel spielen,
jagen und bei Vollmond den Wald mit
Gesang füllen.

... ein Affe sein und von
Baum zu Baum springen.

... **etwas tun, wovor ich Angst habe.**

... **einem Elefanten nahe sein.**

... **Pippi Langstrumpf treffen.**

... **Delfinen begegnen, ohne sie zu stören.**

... einen leeren Kopf haben.

... Bernstein finden am Strand,
dort, wo ich herkomme.

... allen armen Menschen in meinem Heimatland etwas Gutes tun.

... einen sinnvollen Job machen.

... Teil eines Orchesters sein.

... nackt tanzen.

... wieder ganz gesund werden.

... auf meinen
Beinen stehen
können.

... meine
Ruhe
haben.

... ein ganzes Käserad bekommen.

... auf niemanden Rücksicht nehmen müssen.

...   keine Termine haben.

... **wissen, was ein Mann denkt und fühlt.**

...ein berühmter Sänger sein.

... tanzen können,
vor allem Tango.

... Schlagzeug lernen und mit
einer Folk-Punk-Rockband auftreten.

... in New York City leben und jeden
Tag die schönsten Live-Konzerte besuchen.

... rappen können.

... vor vielen Menschen
leise singen.

... **etwas völlig Verrücktes tun.**

... erfahren, wer mein Vater ist.

... aus der Nähe Bienen bei der Arbeit beobachten.

... nicht kämpfen müssen.

Einmal
im Leben
möchte ich...

—

51 bis 70 Jahre

... **Verantwortung ablegen.**

... **Polarlichter sehen.**

... **keine Sorgen haben.**

... **mit 92 Jahren gesund sterben.**

... **an alle Orte reisen, die in Jane Austens Romanen vorkommen.**

... einen blühenden Garten haben.

... Zigaretten holen gehen.

... ankommen.

... ein paar Monate auf einer einsamen
Almhütte als Sennerin arbeiten.

... in der freien
Natur leben.

... reine Luft, klares Wasser und
unversiegelte Böden erleben wie zu Zeiten
Johann Sebastian Bachs.

... barfuß im Matsch laufen.

... im Wald leben.

... **keine halben Sachen mehr machen.**

... ins Reich der Toten und zurück.

... noch einmal lieben.

... zweifellos erfolgreich sein.

... **ein paar Tage lang in einem echten Jugendstilhotel wohnen.**

... mich behausen.

... noch einmal eine Sangria-Party feiern, ohne über die Folgen nachzudenken.

... reines Glück verspüren.

... von Hamburg nach New York mit der Hapag-Lloyd schippern, dort ein paar Tage in einem sehr guten Hotel verbringen, um dann in einem sehr einfachen Auto durch die USA zu fahren – vier Monate lang, und das ohne Geldsorgen und mit einem wirklich sehr netten, sehr klugen und bewussten Mann. Das wär's.

... im Yoga in die Schildkröte kommen.

... mit beiden Augen
volle Sehkraft haben.

... in der Wüste unter
freiem Himmel schlafen.

... ein Glas alten
Château d'Yquem
trinken.

... perfekt Klavier
spielen können.

... eine ausgedehnte Sprachreise nach Tokio machen.

... vor den Wind kommen.

... gesehen werden.

... **die Angst loswerden.**

... frei sein.

Einmal

im Leben

möchte ich . . .

... **dem Herrn begegnen.**

... wissen, was die Welt im Innersten zusammenhält.

... **selber einen Pullover stricken.**

... mit einer Schafherde durchs Land ziehen.

... **zurück im Taubenschlag sein.**

... die Nähe meiner Mutter spüren.

... mit wirklich
allen meinen Freunden
ein Fest feiern.

... eine Familie haben
mit Haus und Glück.

... meinen Enkelkindern interessante, anekdotische
Geschichten aus meinem Leben erzählen.

... meine verstorbene Schwester
wiedersehen und wissen,
ob es ihr gut geht.

... meinen Urenkel
umarmen.

... **mit dem U-Boot die Tiefsee erkunden.**

... **mich vertragen.**

... meinen Sehnsuchtsort finden.

... **vor ihm sterben.**

... erleben, dass meine Familie beim Essen nicht meckert.

... fit sein wie mit sechzig.

... noch einmal einen heben im »Whisky Bill«.

... Samba tanzen am Strand von Pajuçara.

... eine Unterhaltung auf Englisch führen.

... eine große Reise machen:
auf die Malediven, dann nach Neuseeland,
von dort nach Hawaii und abschließend nach
Alaska, um die Nordlichter zu sehen.

... aus dem
Schatten treten.

... Autofahren können.

... dass meine Frau, mit der ich mich
sonst gut verstehe, zu mir kommt
und sagt: »Es tut mir leid.«

... noch einmal nach Venedig zur Biennale reisen.

... **über meinen Schatten springen.**

... **zehn Stunden durchschlafen.**

... in der Wildnis leben.

... mit meiner Schwester im Brauhaus Sülze essen.

. . . noch einmal umgarnt werden.

... erleben, dass alles wieder gut ist.

Wünsche sind Erinnerungen, die aus unserer Zukunft kommen.

Rainer Maria Rilke

Wenn Rilke schreibt »Wünsche sind Erinnerungen, die aus unserer Zukunft kommen.«, dann verstehe ich ihn so: Wir können uns nur wünschen, was aus unserem Erleben erwächst. Und diese Wünsche geben uns gleichzeitig die Richtung vor, in die wir aktuell streben. Unsere Wünsche spinnen einen magischen Faden zwischen gestern und morgen, halten uns im Jetzt und ziehen uns gleichzeitig voran.

Einmal gedacht, ließ mich das Bild vom Faden nicht mehr los. Ich wollte wissen, was sich die Menschen in meinem privaten und beruflichen Umfeld so wünschen und fragte sie: »*Wie würdest du den Satz ›EINMAL IM LEBEN möchte ich ...‹ beenden?*« Ob ich aus der Summe der Antworten würde ablesen können, woher wir kommen, wo wir stehen und wohin die kollektive Reise geht?

Viele der Angesprochenen antworteten spontan, so als hätten sie nur auf die Frage gewartet. Vor allem Schüler:innen zwischen sechs und zwölf Jahren, die ich im Rahmen meiner Lesungen traf, wussten sofort:

» ... ein Superhund sein, ... trotz Corona nach Holland fahren, ... richtig Urlaub machen.« Die ältesten Menschen, jene über 85, antworteten hingegen zögerlich. Alle baten sich Bedenkzeit aus, und nicht selten meldeten sie irgendwann zurück, dass sie keine Antwort fänden. Dabei lächelten sie milde, ein wenig so, als ginge sie die Frage nichts mehr an.

Das Wünschen verändert sich also im Laufe unseres Lebens, es ist abhängig vom Alter. Und sicher auch von unserer Herkunft, von der eigenen aktuellen Lebenswirklichkeit zudem, und vielleicht auch vom Geschlecht – auch wenn dieses als individuelles Merkmal und soziale Kategorie gerade an Bedeutung verliert.

Mithilfe eines Tools startete ich online eine Umfrage und erreichte am Ende über 500 Personen, die anonym teilnahmen. Um eine möglichst große Vielfalt an Wünschen zu erhalten, verschickte ich die Umfrage unter anderem an einen Zirkus, eine Seniorenresidenz, ein Männerwohnheim, eine Wohngruppe für Menschen mit Behinderung, eine Unterkunft für Geflüchtete, an Schulklassen ...

Jede neue Antwort, die jeweils nur mit Hinweisen auf Alter, Geburtsland und Geschlecht einging, war ein Pinselstrich eines nach und nach bunter werdenden Bildes, das ich zunächst einfach nur staunend betrachtete, immer und immer wieder. Da waren witzige, originelle, erwartbare, nachdenklich stimmende, tiefsinnige, selbstironische, politische, kritische, kitschige, manchmal auch verrückte oder traurige Antworten. Sie warfen Schlaglichter auf so viele Aspekte des Lebens, dass mir schwindelig wurde. Wie sollte ich hier eine Ordnung, einen Zusammenhang, eine Abfolge kreieren?

Was für ein Glück, dass ich mit Katrin Stangl eine Illustratorin für das Projekt gewinnen konnte, die sich sehr früh mit ihren inspirierenden Arbeiten in den Auswahlprozess einbrachte. Was für ein Glück, dass mit Anja Neuefeind eine Grafikerin ins Team kam, die mit ihren gestalterischen Ideen und ihrem Können dem Inhalt Struktur und Form gab. Und was für ein Glück, dass wir im Knesebeck Verlag mit Anja Sommerfeld eine Lektorin an unserer Seite hatten, die den Prozess von der Idee bis zum Erscheinen kompetent, klug, voller Vertrauen und mit ganzer Überzeugung begleitete und lenkte.

So wandern wir jetzt im Buch durch eine farbsatte Wunschlandschaft, die so oder ähnlich nur im Jahr 2022 von in Deutschland lebenden Personen zwischen sechs und 96 Jahren hat entworfen werden können. Sie zeigt, dass wir aus alten und neuen Kriegen kommen, dass wir Angst um die Umwelt, um unseren Planeten haben, dass wir die Tiere lieben und die Nähe zur Natur vermissen.

Sie erzählt von Schmerz, Trauer und Hoffnung, von kleinen und großen Sehnsüchten nach Anerkennung, Liebe und Verbindung, auch und vor allem, wenn es um die eigene Kreativität als musizierende, tanzende, schreibende Person geht oder um Reisen zu nahen und fernen Zielen. Manche Wünsche öffnen so bildgewaltige Räume in Kopf und Herz, dass sie ihre ganze Kraft noch besser ohne Illustration entfalten. Andere gehören zu denen, die in jedem Lebensalter bedeutsam sind und stets wiederkehren: *»Fiktion«, »Sehnsucht nach dem All«, »Reisen«, »Tiere«, »Musik«, »Natur«, »Familie & Freunde«*, weshalb wir sie – in verschiedenen Originalhandschriften gesetzt – auf Themenseiten versammelt haben. Und wieder andere wurden trotz ihrer Originalität nicht illustriert, weil 144 Seiten irgendwann einfach gefüllt sind.

Stellvertretend für diese vielen Wünsche, die wir aus Platzgründen nicht berücksichtigen konnten, haben wir mit einigen von ihnen Wunschcocktails angerührt und diese auf gesonderten Seiten im Buch eingestreut.

Wie auch immer du als Leser:in die Komposition erlebst: Wir hoffen, du bewegst dich blätternd, betrachtend und lesend gern durch die Wunschlandschaft, bleibst hier und da stehen und gehst in Resonanz mit verschiedenen Antworten. Das sind heute vielleicht nicht dieselben wie morgen – probiere es aus. Und wenn du dem bunten Bild einen eigenen Pinselstrich hinzuzufügen möchtest, musst du nur diesen Satz beenden:

EINMAL IM LEBEN möchte ich …

Barbara Zoschke

Ich bedanke mich bei all jenen, die an der Umfrage teilgenommen haben, sowie bei Jakob Oskar Krämer für den technischen Support und bei den Vonhandschreiber:innen Anja Sommerfeld, Ludger Kaltenthaler, Maria Zoschke, Claes, Leni und Merle Neuefeind und Ivo Mayr.

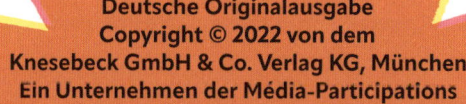

Deutsche Originalausgabe
Copyright © 2022 von dem
Knesebeck GmbH & Co. Verlag KG, München
Ein Unternehmen der Média-Participations

Barbara Zoschke wird vertreten durch die
Agentur Brauer (Agentin: Ulrike Schuldes)

Projektleitung: Anja Sommerfeld,
Knesebeck Verlag
Illustrationen: Katrin Stangl
Gestaltung und Satz: Anja Neuefeind, Köln
Herstellung: Arnold & Domnick, Leipzig
Druck: PNB Print Ltd.
Printed in Latvia

ISBN 978-3-95728-579-9

www.knesebeck-verlag.de